河南博物院镇院之宝

河南博物院 主编

四神云气图壁画

武玮 向祎 编著

中原出版传媒集团
中原传媒股份公司
大象出版社
·郑州·

图书在版编目（CIP）数据

四神云气图壁画 / 武玮，向祎编著．— 郑州：大象出版社，2017.10（2018.3 重印）
（河南博物院镇院之宝）
ISBN 978-7-5347-8898-7

Ⅰ．①四…　Ⅱ．①武…②向…　Ⅲ．①壁画—介绍—河南—古代　Ⅳ．①K879.41

中国版本图书馆 CIP 数据核字（2017）第 243908 号

四神云气图壁画
SISHEN YUNQITU BIHUA
武玮 向祎 编著

出 版 人　王刘纯
责任编辑　吴韶明
责任校对　张迎娟
装帧设计　张　帆

出版发行　大象出版社（郑州市开元路 16 号　邮政编码 450044）
发行科　0371-63863551　总编室　0371-63867936
网　　址　www.daxiang.cn
印　　刷　郑州新海岸电脑彩色制印有限公司
经　　销　各地新华书店经销
开　　本　889mm × 1194mm　1/32
印　　张　3.875
版　　次　2017 年 10 月第 1 版　2018 年 3 月第 2 次印刷
定　　价　47.00 元

若发现印、装质量问题，影响阅读，请与承印厂联系调换。
印厂地址　郑州市英才街 6 号
邮政编码　450002　　电话 0371-67358093

扫二维码，欣赏《四神云气图壁画》视频

总　序

凡博物馆皆有自己引以为豪的藏品中的精华，如罗浮宫之《蒙娜丽莎》、荷兰国家历史博物馆之《夜巡》、中国国家博物馆之司母戊鼎、故宫博物院之《清明上河图》等等，许多博物馆将此类藏品称为“镇馆之宝”，重要的博物馆“镇馆之宝”常常有若干件，当然有些甚至堪为“镇国之宝”。

河南是中华文明的重要发源地，历史悠久，文化积淀厚重，近代以来中国的重要考古发现多在此地，中国考古史便是从这里起步，百年来发现的遗迹遗物极大地丰富了历史文化的研究，填补了历史的空白。河南博物院是中原

最大的文物典藏展示机构，河南出土的重要文物理所当然地保存在这里。

2007年12月，时值河南博物院建院80周年，河南博物院镇院之宝甄选活动尘埃落定。众多专家学者经过反复论证，从河南博物院藏品中推选出九件最能代表中原历史文化的典藏品，作为“镇院之宝”。所谓镇院之宝，无疑是收藏中的佼佼者。首先是典型性，能代表文物所处历史阶段的文化科技发展最高水平；其二是重要性，具有重要的历史文化价值，填补历史研究的空白；其三是震撼性，文物具有强烈的时代感，其艺术性让人震撼；其四是唯一性，目前没有相同文物，或该文物是同类中最好的。

在我们遴选的过程中，发现能入此类标准的河南博物院藏品何止九件，最后为了坚持“九为大数不满”的初衷，经过反复讨论甄别，兼顾时代的普遍性，选取了贾湖

骨笛、杜岭方鼎、妇好鸮尊、玉柄铁剑、莲鹤方壶、云纹铜禁、四神云气图壁画、武则天金简和汝窑天蓝釉刻花鹅颈瓶为九大镇院之宝。

贾湖骨笛不啻为音乐的奇迹，其重要性还在于促使我们重新评估裴李岗人的思维高度、情感表达的丰富性和表现力。贾湖骨笛在中原出现虽是孤例，但并非偶然。中原由于所处地理位置，进入新石器时代以后，在会通南北、连接东西上占得先机。贾湖遗址以稻作农业为主，是当时产稻的最北区域，但是其文化面貌却是裴李岗文化系统，其遗址中出现了猪与狗的驯养，这一遗址无疑是同时代文化中最为先进的。离贾湖不远的许昌灵井，距今 8 万年前已经出现了专业的制骨遗存，贾湖出现高质量的骨笛也就不足为奇。

九大镇院之宝中，先秦时期的青铜器占据五件，这

与中原在这一中国文化轴心时代中主导作用的建立不无关系。

相传禹铸九鼎，三代奉为传国之征。鼎作为炊煮的食器，演变为王权的象征，体现了华夏文明的民本意识，而中原既是鼎的发源地，更是鼎文化最具代表性的地区。虽然二里头发现了迄今最早的铜鼎，但是其体量和造型还不能与国之重器勾连。郑州商城杜岭街出土的窖藏铜鼎，通高87厘米，饰有饕餮纹和乳钉纹，具有王权的威势，是迄今发现的商代早期较大的铜鼎之一，也是最早的能象征国家的铜鼎。据此证明了郑州商城的王都性质。

商代后期以安阳殷墟为国之核心。这里发现的最重要的墓葬当属妇好墓。出土的468件青铜器中，鸮尊是最具代表性的铜器之一，这是目前中国发现的最早的鸟形铜尊。其鸮形的巧妙构思和周身繁缛的龙、蛇等各种动物纹

饰，不仅体现了妇好主持祭祀、带兵征伐的特殊身份，其艺术性也堪称经典。

中国广泛使用铁器要到西汉，然而在此之前有一个从出现到推广的发展过程。三门峡虢国墓地2001号虢季墓中出土的玉柄铁剑，经鉴定剑身为块炼钢锻打而成，这一发现将中国人工冶铁的历史提前到了公元前8世纪。

技术的先进是文明核心地位确立的重要条件，技术的不断发展又为社会的进步提供了前提，莲鹤方壶无疑是先秦社会发展的标志性器物，是技术、艺术与社会变革的集大成者。这件郑国人铸造的器物汇合了南北风韵、新旧特征，是春秋时期郑国特殊的历史文化地位的真实写照，更是百家争鸣、社会变革的艺术表达。

在中国冶铸史上具有划时代意义的器物还有云纹铜禁。这件器物出土于河南淅川下寺春秋楚墓，其墓主为楚

国令尹子庚。铜禁通体由多层透空的云纹构成，十二条怪兽攀附四周，其精密的铸造工艺为我们提供了失蜡法铸造的最早标本。

五件先秦时期的青铜器各具代表，各领风骚，构成了中国青铜时代历史文化叙事链条的重要节点。

汉以降，中国历史文化转入了新天地。凝重神秘的青铜时代被人本思想和崇尚现实的享乐主义所代替，狰狞的鬼神世界，代以奇异的神仙来世。崇儒的同时，并行着道教的升仙意识。特别是在汉代的墓葬中充满了对来世享乐的憧憬，对来世仙界的描绘。出土于河南省商丘市永城芒砀山柿园西汉梁王墓的四神云气图壁画，绘有青龙、白虎、朱雀、怪兽等四种神禽异兽和灵芝、花朵、云气纹及穿璧纹等，充满了升仙气息。这件壁画尺寸宏大，为汉代壁画中所罕见，它是我国现存时代最早、规格等级

最高、保存最完整的墓室壁画。

儒、佛、道在中国社会并行了一千多年，唐代以后三教逐渐合流。武则天一生充满了智慧，也充满了矛盾。在她的身上包含了多重宗教的信仰，她营造了龙门卢舍那佛窟，在偃师立了“升仙太子碑”。但是由于其墓葬还未发掘，与其有关的可移动遗物一直未能发现。1982年在登封嵩山峻极峰发现的武则天金简成为女皇唯一的直接可持有的宗教用物。这件物品是武则天祭拜嵩山的物证，也是武则天道教思想的体现，更是迄今发现的唯一的皇帝投龙金简，其历史与宗教文化价值无可代替。

历史上各个时代的造物总是恰如其分地附带上当时的文化与习俗烙印，而这种文化烙印尤其强烈的，莫过于宋代的瓷器。宋代对瓷器釉色的追求来源于宋人理学风气的弥漫。“雨过天青云破处”是对汝瓷独特的审美追求。

由于历史的原因，传世的汝官瓷屈指可数，弥足珍贵，20世纪80年代在宝丰清凉寺发现的窑址，被认定为汝官窑遗址，但是遗址内出土皆为瓷片，在其附近窖藏发现的少量汝瓷，成为考古出土的仅见的汝官瓷。其中的天蓝釉刻花鹅颈瓶完整性和工艺造像堪为第一，重要价值不言而喻，更重要的是以汝瓷为代表的瓷器的变革，不仅是技术的变革，还将中国文化与审美带到了更高的境界。

展览是历史文化信息的有机整合与展现，九大镇院之宝由于文物保护原因和其他原因有时不能同时完整陈列于展厅。即便是在展厅陈列，由于陈列本身的局限，也不能将全部或更多的信息在展厅中提供给大家。为了让大家更多地了解九大镇院之宝背后的历史文化信息，我们编写了这套丛书。对每件藏品的解读基于学术界最新研究成果，撰写方面力求科学严谨求真。我们希望通过本套丛书引导

公众对藏品有更细致的观察了解，实现藏品信息与公众的分享与对话。但是由于研究阶段性的局限，由于研究深度的局限，由于研究资料的不全面等因素，我们的解读还有许多未尽之处，我们会继续不停地研究下去，将更多的研究成果及时提供给公众。也希望更多的学者加入到对文物、对九大镇院之宝的研究中，不断丰富和深化我们对历史文化的认识。

九大镇院之宝是古人智慧与思想的凝结，是文化制高点的物质的表征，每件文物都有独特的重要价值。这九件文物只是代表，而非全部，如果你来到河南博物院，将会看到更多的典藏瑰宝，比如彩陶双连壶、王孙诰编钟、金缕玉衣、汉代三进陶院落、杨国忠银铤等等，但在甄选镇院之宝时我们不得不割爱。我们希望大家在关注九大镇院之宝的同时，关注九件文物背后连带的关于中华文明、关

于中原文化一脉相承延续发展的历史，关注中华文明强大的凝聚力、创造力、生命力，关注九件文物代表的更多的河南博物院的精美典藏，中原大地上的数不尽的丰富遗存。

河南博物院院长 田凯

2017年3月

目　录

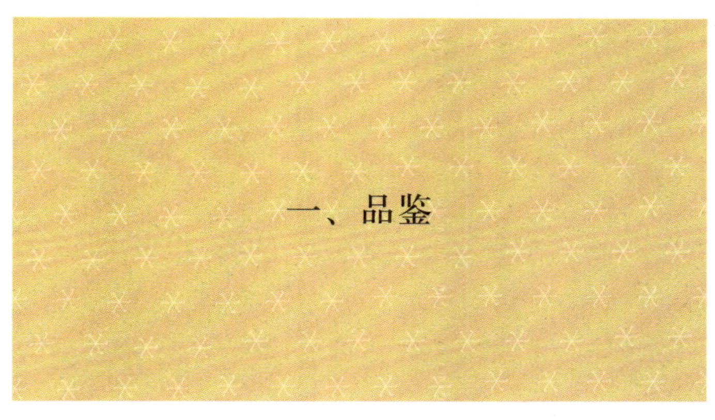

一、品鉴

四神云气图壁画（**图一**）又称‘柿园汉墓壁画”，整体揭取面积约16.8平方米。壁画由中间主题图案和四周边框辅助纹饰两部分组成。

主题图案以朱砂红色为底色，上面用白、绿、黑等颜色绘有青龙、白虎、朱雀、怪兽等四种神禽异兽及灵芝、花朵和云气纹等（**图二**）。

图中巨龙的图案最为醒目突出，龙身呈“S”形弯曲，占据整幅画面的中央。龙身长约7.5米，身宽0.12米。龙首高昂，瞠目，龙头上有一对鹿角状的巨大龙角，头后飘动着长须。龙张口，长舌卷住一怪兽的尾部（**图三**）。龙身覆

西汉早期（前 206 年—前 108 年）

长 5.14 米，宽 3.27 米

图一　四神云气图壁画

1987 年河南省商丘永城芒砀山柿园汉墓出土

河南博物院藏

图二　四神云气图壁画线图

0
50 厘米

图三　四神云气图壁画・龙首

满鳞纹，脊背长有双翼。龙有四足，前两足一足踏云气和长枝花朵，另一足后蹬触到背翼；后两足一足接朱雀尾，另一足踏长枝花朵。龙首、舌、四足用浓墨色绘制，龙身用浅墨色勾线，鳞纹用白、红二色涂绘。巨龙长舌卷住的怪兽通体白色，鸭嘴，长颈，鱼身，身覆鱼鳞纹，背有羽翼，正扭身奋翅想摆脱巨龙。白虎绘于龙腹部，前爪攀附在长有灵芝的神山上，虎口衔长枝花朵，仰首张口，欲吞食前方的灵芝。白虎身上绘有条状斑纹。朱雀位于青龙腹部，两爪分立，长喙啄住龙首的一只长角，背部及羽翅上装饰有圆点纹，长长的雀尾上扬飘摆（**图四**）。

在这些神禽异兽图像外还绘有灵芝、花朵及流云。灵芝绘于虎首前方，植于神山上，分枝成两朵。长枝花朵多装饰在神禽异兽上，花朵多为含苞的花蕾，缠绕在青龙、

图四　四神云气图壁画・朱雀

朱雀的颈、尾、足部和白虎口部等部位。云气纹则飘浮填补在画面中间及边缘空白处。

四周边框纹饰为装饰性图案，用墨色作底线，填以白色的连线穿璧纹和云气纹。

这幅画发现在河南省商丘市永城芒砀山西汉梁国王陵区柿园汉墓中。由于壁画当时是绘在距地面3米的墓室壁顶上，画匠必须仰面悬肘作画，增加了壁画绘制难度。但整幅壁画没有出现一处败笔，我们看到的是那些飞动苍劲的线条和夸张腾跃的动物造型完美的结合，不禁惊讶于古代匠师们的娴熟技艺。此壁画尺寸宏大、文化内涵丰富、绘画艺术高超，为汉代壁画中所罕见；同时它又是我国现存年代最早、规格等级最高、保存最完整的西汉墓室壁画。该壁画被专家誉为“敦煌前的敦煌”。

二、壁画的发现及揭取、保护

（一）壁画的发现

发现这幅四神云气图壁画的汉墓坐落于永城芒山镇柿园村东，遂被命名为“柿园汉墓”。柿园汉墓所在的山头位于芒砀山群保安山东南部的余坡，1986年5月村民在开山采石时发现此墓，当时已暴露出墓道和墓门顶部。此墓早年就已被盗掘，村民沿着原先盗洞进入墓室，才发现祖辈们都很熟悉的山体内居然隐藏着一座规模宏大的墓葬，沉睡了千年的柿园汉墓遂向世人露出真面目。同年7月，原商丘地区文化局组织工作人员对墓室进行抢救性清理、绘图和拍照。1987年4月，经国家文物局和河南省文物局

批准，由原商丘地区文化局和原永城县文物管理委员会联合进行发掘。柿园汉墓的发掘是芒砀山汉代梁国王陵墓地的重大考古发现，1986年柿园汉墓被河南省公布为省级文物保护单位，后又被评为1991年度中国十大考古新发现之一，1996年被公布为国家级重点文物保护单位。

墓内彩色壁画主要绘于靠近墓门的主室顶部、南壁及墓门两侧，现存壁画总面积为24.92平方米。柿园汉墓墓葬清理工作完成后，由于壁画难以揭取，仍暂时存留在墓室内。四神云气图壁画绘于主室顶部，保存情况相对较好，另外在主室南壁还有面积为5.35平方米的壁画，墓门南侧有面积为1.95平方米的壁画，墓门北侧有面积为0.82平方米的壁画，均受损严重。南壁壁画下部大多残毁严重，从残留的上部分可以看出壁画的构图同四神云气图相似：中

间部分为主题图案，四周外框纹饰绘以连线穿璧纹和云气纹。主题图案中可以看到猛豹、朱雀、灵芝、神山、云气等图案。猛豹、朱雀相向而立。猛豹昂首，尾上翘，身体绘有圆钱纹；朱雀嘴微张，作引颈长鸣状，双翅微开，立于神山，欲展翅高飞。朱雀、猛豹之间绘有连绵起伏的神山，山顶有一棵神树，树上结有一仙果。另有一株高大的灵芝仙草（**图五**）。主室西壁门道口以北壁画绘于门道口北侧的西壁北端，受损严重，复原后壁画面积约2平方米，上面为连线穿璧纹和云气纹，与主室西壁门道口以南的边框装饰相同。此外在柿园汉墓内的几间侧室的顶部及四壁均发现有残存的直线纹和朱砂的痕迹，可能这里也曾绘有壁画。

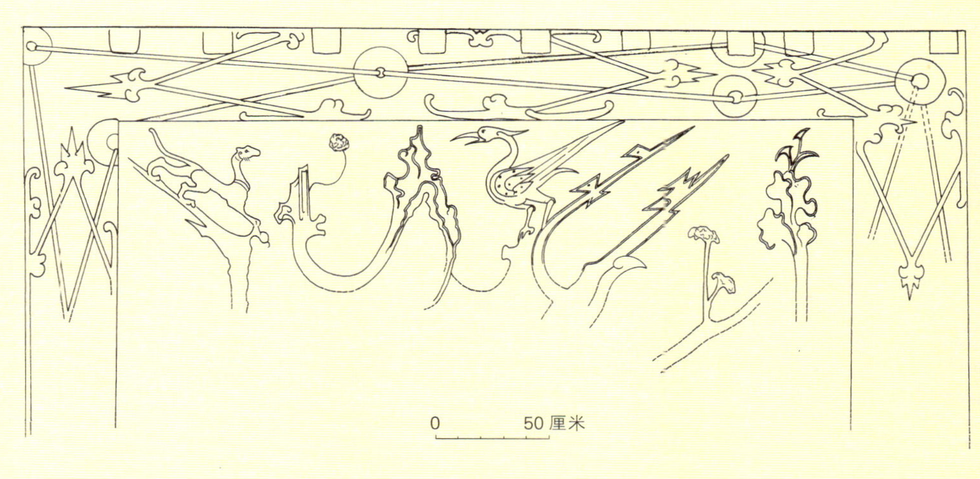

图五　柿园汉墓主室南壁及西壁左侧壁画线图

（二）壁画的揭取与保护

据当地村民讲，墓室刚被打开时，墓内壁画色彩鲜艳夺目，宛若刚刚完成。但在考古工作者入驻前，盗墓贼与当地一些村民已经多次进出柿园汉墓。由于墓室光线幽暗，他们点燃蜡烛乃至橡胶轮胎照明，散发出的烟灰炭粒

附着在壁画上，使画的色彩变得暗淡无光。一批批的盗墓贼拿着棍子、铁铲在墓室中到处乱捣乱敲，寻找遗留的古物，致使柿园汉墓墓室内侧立壁的壁画遭到了严重损坏，主室南壁距地面 2 米以下的画面彻底被毁，主室顶部的四神云气图壁画上也留下了棍棒捣戳的痕迹。

除人为破坏外，墓室被炸开后，墓室内环境的骤然改变也使壁画迅速产生龟裂、脱落、霉斑污染等病变，将壁画再留于原地保存已不适合。柿园汉墓壁画的保护牵动着社会各界关注的目光。

1992年河南省文物管理局邀请国内专家前来考察并举办论证会，与会专家一致认为，揭取壁画虽然不可避免地会对壁画产生新的伤害，但如果仅原地保存壁画，限于场所设施及保护技术的不完善，壁画将受到更加严重的损

坏。论证会上，专家们建议迅速成立专门科研小组揭取壁画，柿园汉墓主室顶部四神云气图壁画保存相对完整，应揭取后易地保护。而已破坏严重的主室立壁壁画不宜再进行揭取，只适合原地保存。

揭取方案修改完善后，1993年5月由河南省古代建筑保护研究所、原商丘地区文物工作队和原永城县文物管理委员会三家联合对四神云气图壁画进行揭取。在揭取工作进行前，专家们进行了多次科学实验，结果表明：柿园汉墓本身是凿石修建而成，壁画是在石壁上的一层地仗层（石与颜料间的泥土与石灰混合层）上面制作完成。首先，工匠用铁器剔平墓室内壁，然后打磨石壁，待石壁表面略显平整光滑后，用多种矿物岩石碎屑加入一定数量的黄土和水搅拌成泥浆，涂抹于墓室内壁上作为地仗层。作

画时，画工用毛刷蘸满颜料在地仗层上涂一层朱砂为底色，然后在底色上用笔勾画浅墨线，以确定出各图像的位置和轮廓，最后分别用红、白、黑、绿四色绘出主题图案和边缘装饰图案。壁画地仗层最薄处只有2—3毫米厚，制作者为增加室顶地仗层的承受力，使之不至于大面积脱落，又在室顶部岩层和泥沙质地的地仗层间夹杂一层碎木片，起到一定的支撑作用。工作人员在石头上揭取壁画，只能是将这层薄薄的地仗层一起揭取下来，此外近17平方米的巨型面幅也增加了揭取壁画工作的难度。这些限制使巨型画幅不可能一次性完整地揭取下来，必须分割成若干部分揭取。但这样做必然会在壁画上留下伤痕，今后无法彻底修复。为了减少对画面的损伤，工作人员经过反复论证，决定将壁画分割成 5 块，尽可能保持整幅壁画的完

整。墓室主室高达3米，工作人员搭起脚手架，仰起脸，用刀片仔细地将室顶部的壁画连同地仗层慢慢切割下来。揭取工作整整进行了一个半月。壁画揭取工作完成后，1994年移交到保存条件较好的河南博物院收藏陈列。

四神云气图壁画从墓室走进了河南博物院的展室，展示前虽略作修复，但壁画受到的损伤问题并未完全解决。在展出中，壁画原本受到的伤害日趋严重，出现画面通透性开裂、表面绘彩层起翘脱落、颜料褪色、局部有网格纹显现、地仗层龟裂分层、壁画固定件松脱等现象。针对这一状况，河南博物院迅速组织专业技术人员对壁画进行监控与分析。研究人员对壁画原有揭取工艺、保存现状、壁画材料和保护所用材料进行综合调查分析，建立了壁画层材料结构模型、壁画和支撑系统力学结构模型，结合实验

与材料测试结果对壁画进行整体修复，使两千多年前的壁画重新得到很好的保护和展示（**图六、图七**）。

（三）壁画颜料揭秘

科研人员在对柿园汉墓壁画进行揭取修护的过程中，对壁画使用的颜料也进行了分析，结果表明绘制壁画所使用的这些颜料也非常有特色。壁画主要使用红、白、黑、绿四色，经分析红色颜料为朱砂，白色颜料为白云母，绿色颜料为孔雀石，黑色颜料为朱砂加等量孔雀石调配而成。这些颜料都是无机矿物质，符合我国师法自然、天人合一的传统思想。

朱砂的化学成分为天然硫化汞（HgS）。我国是朱砂的主要出产国之一，著名产地有湖南、贵州等，而以湖南

图六　河南博物院工作人员修复四神云气图壁画

图七　在展室安装修复后的四神云气图壁画

沅陵一带（古属辰州府）所产最佳，故又名“辰砂”（图八）。古人开采朱砂矿获利丰厚，《史记·货殖列传》就记载巴蜀地区的寡妇清，“其先得丹穴，而擅其利数世，家亦不訾。清，寡妇也，能守其业，用财自卫，不见侵犯。秦皇帝以为贞妇而客之，为筑女怀清台”。“丹穴”即朱砂矿。天然的朱砂矿石通过直接研磨、漂制即为红色颜料。河南安阳殷墟妇好墓出土了一套用于制造颜料的臼杵，出土时粘满朱砂，说明商代对朱砂矿物颜料的处理采用捣成粉末的方法。《吕氏春秋·诚廉》中提到“丹可磨也，而不可夺赤”，也是讲通过研磨朱砂来获得红色颜料。朱砂是我国古代绘画中使用最广泛的红色颜料，其使用年代也很早，浙江余姚河姆渡文化遗址发现的一件距今6000年的红色涂漆木碗，所涂的颜料就是用生漆调和朱砂

而成。

白色颜料也不是通常壁画所用的白垩、铅白和蛤粉，而是使用白云母。白云母是一种白色的薄片状矿物颜料，内含有硅酸钾铝，因呈色中带有白的光泽得名（图九）。白云母研磨成极细的颗粒时，有良好的附着性、渗透性和覆盖性。白云母矿在我国分布广，储藏量大，用它制作颜料也十分普通。与朱砂相似，白云母也是通过捣碎研磨来制成颜料。长沙马王堆一号汉墓出土的一件印花敷彩纱，其上的白色花纹光泽如新，通过对其颜色进行光谱分析表明，勾勒叶片边缘的白色颜料成分主要为天然白云母。敦煌莫高窟著名的“反弹琵琶”壁画，所用的白色颜料银光发亮，经分析为质地很纯的天然片状白云母粉。白云母化学性质较稳定，而中国传统绘画经常使用的另一种白色颜

图八　朱砂

图九　白云母

料铅白，遇到潮湿或酸性环境就会变为黑色，化学性质不稳定。特别是铅白不能和朱砂类颜料混合，因为朱砂的化学成分含有硫，铅白与硫易发生化学反应，色彩会由粉白色逐渐变成黑色。敦煌壁画中很多人物的面部由于采用朱砂和铅白混合颜料，今天很多都已经变成黑色。在一些古代卷轴画中，很多人物或者花卉本该为白色的部位变成了黑色，也可能是使用了铅白颜料的缘故。而四神云气图壁画虽以朱砂红色铺底色，但其上龙、虎、朱雀、怪兽等图像的白色却由于使用白云母颜料绘制，壁画历经千年却未变其色，依旧色泽鲜明。

孔雀石也称为石绿、绿青，由于颜色酷似孔雀羽毛上斑点的绿色而得名（**图一〇**）。孔雀石韧性差，非常脆弱，很容易破碎，也很容易研磨成颜料。孔雀石常与其他

图一〇　孔雀石

含铜矿物（如蓝铜矿、辉铜矿、赤铜矿、自然铜等）共生。在我国，孔雀石主要产地为广东阳春、湖北黄石和江西西北地区。用孔雀石作颜料，以含泥沙少而色彩鲜丽者为最佳。最早以孔雀石作为颜料使用可以追溯到山西襄汾陶寺遗址。陶寺遗址出土的彩绘陶器和彩绘（漆）木器，彩绘颜色有红、绿、白、黄等色，通过分析，绿色颜料主矿物均为孔雀石[1]。

特别有意思的是，四神云气图壁画中的黑色不是中国传统绘画经常使用的炭黑或墨，而是用红色的朱砂和绿色的孔雀石调和而成的墨色。研究人员认为，古人有意使用两种或两种以上颜色的调配制色，是已经掌握了调配制色在绘制过程中可产生出色相不一、深浅不同的丰富复色的技术，而且这种调和色性能更加稳定，很少出现像后世那样的变色或褪色现象。

四神云气图壁画能够保存两千年之久，与其地仗层的制作和矿物质颜料的使用密切相关。

三、柿园汉墓墓主——西汉梁国诸侯王

柿园汉墓位于河南商丘永城芒砀山群中的保安山东南部的余坡（**图一一**），西汉时期这里在梁国管辖范围内。

（一）西汉梁国历史

西汉初建，汉高祖分封大量诸侯王。异姓诸侯王被逐渐剪除后，汉高祖与群臣共立“白马之盟”，歃血盟誓“非刘姓不得封王”。汉初刘姓诸侯王势力强大，霸据一方，“大者夸州兼郡，连城数十，宫室百官，同制京师”（《汉书·诸侯王表序》），成为西汉文帝、景帝时期中央王朝的严重隐患。文帝采纳“众建诸侯而少其力”

图一一　河南永城芒砀山柿园汉墓

（《汉书·贾谊传》）之计，景帝又行“削藩”之策，武帝时采用主父偃的策略颁布“推恩令”，使各诸侯王国自析为若干小国，又“作左官之律，设附益之法，诸侯惟得衣食税租，不与政事”（《汉书·诸侯王表序》）。经过

文帝、景帝、武帝三代才缓解了各王国与中央皇权的尖锐矛盾。西汉对诸侯王的一系列削弱政策，使其势力日显衰落，进一步加强了中央皇权。汉代地方上实行郡国并行制，西汉初诸侯王国势力较大，地位远在汉郡之上，随着诸侯王特权被削弱，王国地位降与郡同一行政级别。尽管如此，终汉之世，对皇亲国戚、达官显贵分王封侯的政策始终没变，一直到东汉时期仍然沿用。因此，两汉时期的皇帝宗室、诸侯王仍是当时社会的最高统治阶层，他们的墓葬多建设得规模浩大，称为陵。

河南商丘最早因商人活动于此而得名。周武王灭商后，封殷纣王兄微子启于宋，故城在今商丘。战国后期，宋国势衰微，遂为齐、楚、魏三家所分，商丘以东至永城芒砀山一带多归属楚地。秦时在这里设砀郡。秦末楚汉争

霸时，刘邦为拉拢彭越，封彭越为梁王，都定陶（今山东定陶），取睢阳（今河南商丘）以北至谷城一带封赐彭越。公元前196年彭越被告发谋反，彭越被杀，国除。此后汉高祖子刘恢、吕后侄吕产、汉文帝子刘揖先后被封为梁王。梁怀王刘揖在位10年（前178年—前169年），因坠马而死，无后，国除。

西汉时期，梁国处在勾连关中与东方诸侯国的交通要道上，为咽喉之地，也是维护西汉中央王朝的屏障。中央王朝非常重视梁王的任命。贾谊曾向汉文帝陈述梁国地位的重要性：“梁起于新郪以北著之河，淮阳包陈以南揵之江，则大诸侯之有异心者，破胆而不敢谋。梁足以捍齐、赵，淮阳足以禁吴、楚，陛下高枕，终亡山东之忧矣，此二世之利也。”（《汉书·贾谊传》）公元前168年，汉文

帝采纳贾谊的建议，徙子刘武为梁王，史称梁孝王。梁孝王为西汉文帝子，汉景帝胞弟，最初封为代王、淮阳王，后徙封为梁王。在汉景帝时期发生的“七国之乱”中，刘武率领军队顽强抵抗以吴王刘濞为首的北上叛军，拱卫京师，为景帝所倚重。“七国之乱”平定后，刘武自恃功高，加之母窦太后宠爱，渐生骄奢之心。他制造兵器，广募豪杰，重敛钱财珍宝，出行按天子礼制。后期他更是欲争皇帝储位而暗杀了朝廷中反对他的大臣，为景帝所忌惮疏远。

梁孝王在位期间（前168年—前144年），梁国疆域包括今河南开封至山东泰安的共四十多座城，疆域辽阔，是西汉早期势力最强盛的藩国之一。其占据交通地理要道，国都睢阳与境内定陶、大梁城互为依托，有睢水贯穿梁国

全境，水陆交通发达。梁地土地肥沃，气候适合大面积种植漆树、桑树，本地的制漆业和丝织业很有名。梁孝王喜欢修建宫室苑囿，曾在国都睢阳东南平台修建东苑，又称菟园，后人称为梁园。《汉书·文三王传》记“孝王筑东苑，方三百余里，广睢阳城七十里”，足以说明梁园占地面积广大。苑囿为青山绿水环抱，宫观台榭绵延几十里，苑内广植奇果异树，有珍禽异兽出没其中。梁孝王好诗赋文学，广招天下文人雅士，著名的有齐人邹阳、公孙诡、羊胜，吴人枚乘、严忌，蜀人司马相如等。梁孝王及文学之士经常在梁园游猎、饮酒、作赋，清代画家袁江的《梁园飞雪图》（**图一二**）便再现了梁孝王与宾客雪夜宴饮的场景。鲁迅先生曾感叹：“天下文学之盛，当时盖未有如梁者也。”历代名人骚客也多有到此地追思梁孝王风范

图一二　〔清〕袁江《梁园飞雪图》（故宫博物院藏）

者。唐代诗人李白在盘桓梁园期间，写下《梁园吟》，有“梁王宫阙今安在？枚马先归不相待。舞影歌声散绿池，空余汴水东流海”之叹。

西汉梁国共历八王，梁孝王死后，其藩国被一分为五，由其五子分别就藩。刘买作为刘武长子继承梁国，其余四子则分别被封为济川王、济东王、山阳王、济阴王。此时梁国国力虽已无法与孝王时期相比，但在当时仍属强藩。梁孝王之后，历梁共王刘买，至梁平王刘襄因不孝敬其祖母李太后，被削夺五县之地，梁国所辖仅“余有八城”。梁平王之后历梁贞王刘无伤、梁敬王刘定国、梁夷王刘遂、梁荒王刘嘉，汉成帝时梁王刘立因数次杀人，被“削立五县”。后来刘立又因和汉平帝的外家“中山卫氏交通”，为当时掌政的王莽所忌恨，被废除王位，徙至汉

中，后刘立自杀，梁国废除。从平王刘襄到刘立期间，梁国所辖仅数县，国力衰微。

（二）柿园汉墓

汉代诸侯王陵墓一般都选址在其封国内的都城附近。芒砀山是西汉梁国境内唯一的一处山群，距国都睢阳90多千米。山体为青灰岩，非常适合陵墓的营建。经探查，西汉历代梁王及王后陵均分布在芒砀山主峰以南的保安山、夫子山、铁角山、南山、黄土山、窑山、僖山等各山峰（**图一三**）。保安山是仅次于芒砀山主峰的山峰，海拔约116.5米，占地面积80多万平方米，呈南北走向。梁孝王刘武死后葬于保安山上，即保安山一号汉墓；其妻李氏墓编号为保安山二号汉墓，位于梁孝王墓北侧，与梁

孝王墓南北并列。后世梁王均因袭成例选择在芒砀山群入葬，形成西汉梁国规模宏大的王陵区。王陵区内除了这些规模宏大、结构复杂的诸侯王级别的崖洞墓，还发现有陵园墙、陪葬墓、寝园基址、守陵人员居住址、陵园门阙、陪葬坑等遗迹、遗物。遗憾的是西汉梁王陵墓早期已被多次洗劫。比较出名的一次是东汉末年曹操率军队公然盗掘梁孝王墓，“破棺裸尸，掠取金宝”（《后汉书·袁绍传》）。其他梁王陵墓也惨遭破坏，墓内所藏珍宝荡然无存。如保安山一号汉墓梁孝王墓被盗后，墓室长期空敞裸露，后世多有人自由出入凭吊（**图一四**）。

“穿山为藏”的大型崖洞墓是西汉诸侯王墓最常使用的一种墓葬形制，是在山体内开凿出墓室用以安葬，一般带有一条露天的墓道。墓道或甬道两侧开凿出耳室。墓室

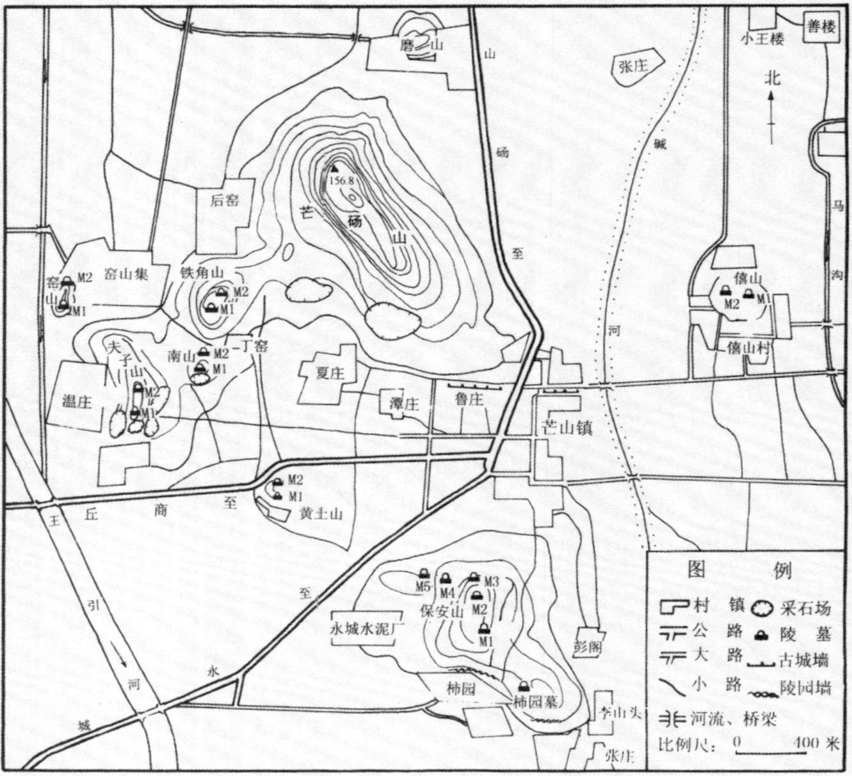

图一三　河南永城芒砀山西汉梁王陵墓分布图

图一四　河南永城芒砀山梁孝王墓

工程浩大，主墓室还附设有数量不等的侧室，有的在主墓室周围凿出回廊。陵墓封堵后，再在山顶覆土成丘。如江苏徐州西汉楚王及王后墓、河南商丘永城梁王及王后陵、河北满城中山靖王刘胜及王后墓、山东曲阜九龙山鲁王及

王后墓等诸侯王级别的陵墓都采用了这种墓葬建构。

柿园汉墓位于保安山东南部的余坡，也是一座“斩山作廓，穿石为藏”的崖洞墓，墓向西北。柿园汉墓的墓道和保安山一号汉墓东西相对，二墓相距仅300米。墓从山体西侧山脚下向东穿山开凿，先开凿出长60米、宽5.5米的墓道，再向下斜向开凿出长24米的甬道，后面开凿出主室、巷道与众多侧室。至墓室底部已距山体表面20余米。墓全长95.7米，最宽处13.5米，最高处3.1米，总面积383.55平方米，总容积1738立方米（**图一五**）。

主室为长方形，室顶西部绘有四神云气图。室顶壁画下方对应处为一高出地面的平台。墓室中主室与其他八个侧室间以门或门道相连，不同的侧室通过不同随葬器物的堆放和特色建筑展示其分属不同功能：有用于停放棺床

的便房，有堆放货币和各种器皿的储藏室，有用于洁身的沐浴室，有厨房、厕间等。从这些侧室看，基本上涵盖了衣、食、住、行各个方面，是刻意仿照墓主生前的建筑为其死后居住而营建的（**图一六**）。

柿园汉墓虽然早年被盗，但还出土有文字刻石、车马器、兵器、陶俑及生活用品等随葬品。刻石出于墓道和甬道内，数量较多，用于封堵墓葬，其中有100余块石头刻有文字，文字内容包括刻石的尺寸、日期、刻工的姓名、督造监制机构的名称等。

墓道内还出土有大量的车马明器，按照摆放组合位置，最终复原为24辆车。这些车虽然是为丧葬制作使用的明器，但残留的车马器多数为青铜质地，表面鎏金刻花，在一些残损的车舆上还可以看到彩绘有云气、穗及菱形方

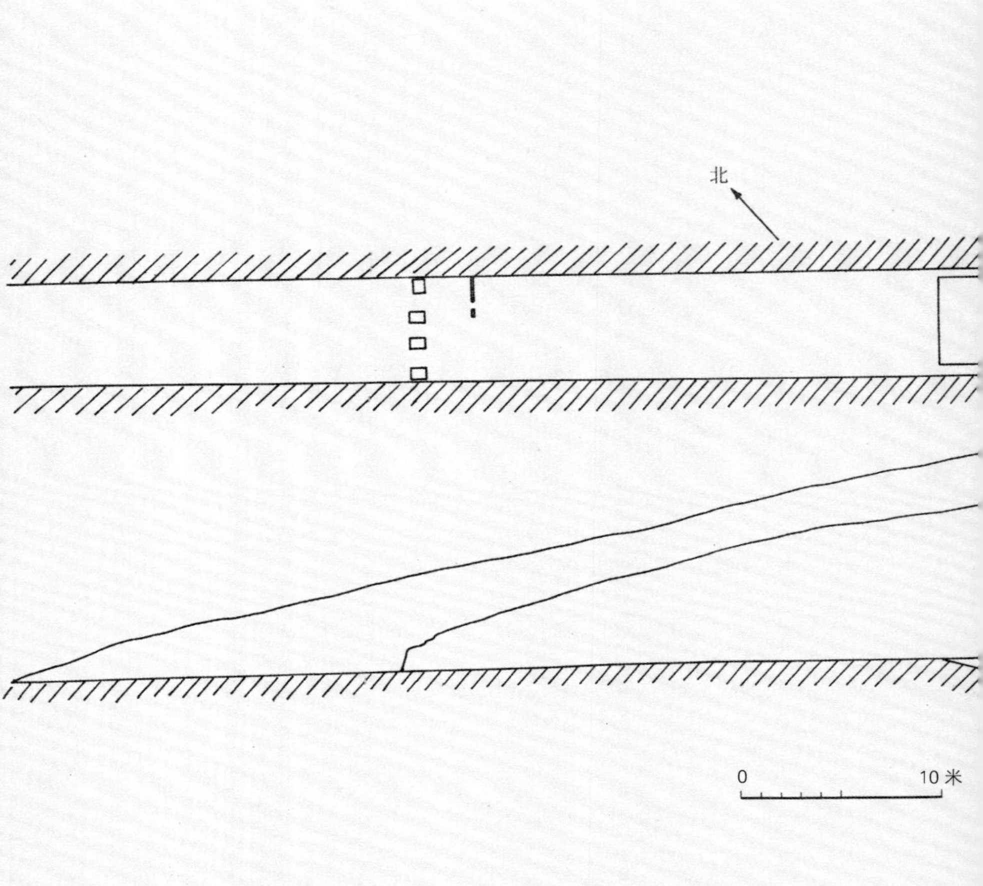

图一五　柿园汉墓平、剖面图
1. 凹坑；2. 钱窖；3. 主室；4—11. 侧室

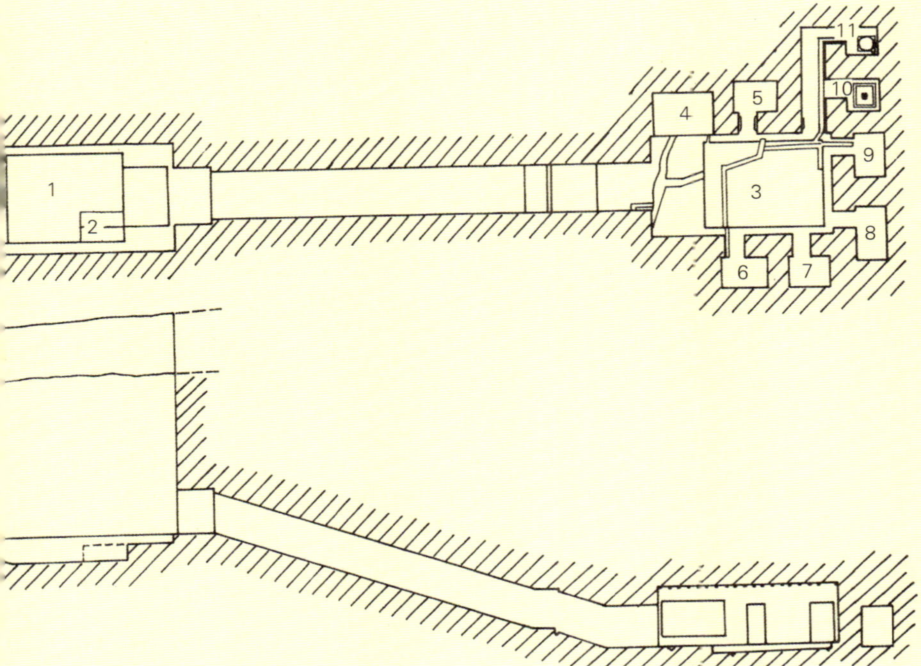

1
2
3
4
5
6
7
8
9
10
11

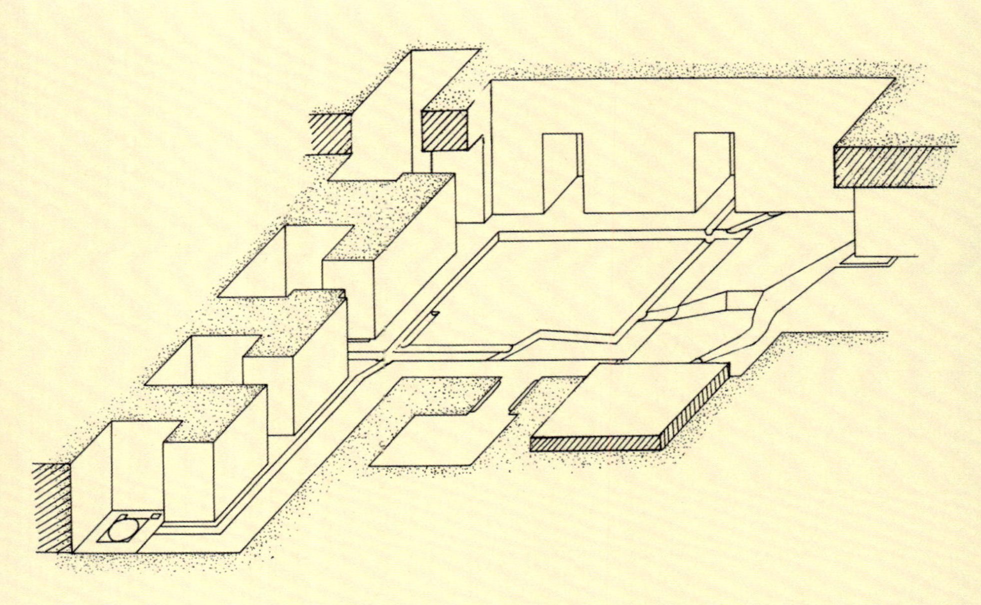

图一六　柿园汉墓墓室透视图

格纹饰。这些车中有开道警卫的立车、乘坐的安车、打仗列阵的战车和负重载物的辎车等。在车驾中间摆放有骑马俑40件，通高50厘米左右。陶俑表面原有彩绘大多脱落，身体上原本穿着的衣服也已腐朽，但每个陶俑都身佩铍、戟或剑等武器，腰部饰带钩，个别俑身挎箭箙，内插多支

箭（**图一七**）。此类骑马俑还见于西汉景帝阳陵、徐州楚王陵等陵墓的陪葬坑内，为墓主的仪仗护卫。另有4件彩绘女俑出于墓道前端的立车附近，应为宫婢侍女身份。在墓道底部还发现一处钱窖，里面放满西汉早期的铜钱，铜钱用绳串起，层层叠叠摆放整齐，数量达225万枚。

柿园汉墓所在山顶表面覆盖有一层封土，顶端散落有建筑痕迹，推测当时还建有祭祀使用的堂、庙类建筑。山脚下沿山势走向绕山一周筑有夯土陵墙，应是柿园汉墓的陵园。同西汉帝陵一样，诸侯王墓也建有陵园，其中包括有礼制类建筑如寝殿等。如与柿园汉墓毗邻的保安山梁孝王的陵园，整个陵区用夯土围筑成平面近方形的大型陵园。南面与东面各有一门，东门外还有类似门阙的建筑遗迹。在梁孝王陵的东部有一大型寝园遗址，由围墙、前

图一七　柿园汉墓墓道出土骑马俑

朝、后寝、廊庑等多组建筑组成，出土的大量建筑用瓦上模印有“孝园”二字。

在柿园汉墓陵墙内外还发现有许多中小型墓，可能为主墓的附葬墓。这些墓的主人应该是梁国的王室成员和官吏等。

柿园汉墓在营造时从墓道开始穿山伸入山体内，又沿甬道向东深入，从开凿到封门完成，中间需经过运输、修整、磨平、涂抹、绘画、填封等十多道工序。根据当时的

生产力发展水平，要营建如此规模的陵墓，需要几年甚至十几年的时间才能完工。如此大规模、高规格的墓葬建筑及随葬品无一不指明墓主诸侯王的显赫身份。

考古发掘者从出土器物的时代、墓穴的位置及西汉梁王世袭情况推断墓主人最有可能是梁孝王之子梁共王刘买，也就是西汉梁国第二代诸侯王。史书对刘买的记载仅有只言片语，称他为梁孝王刘武之长子，其母为李王后。刘买仅做了七年的梁王，死于公元前136年。刘买在位期间，梁国疆域缩小，国力渐趋衰微。

四、墓室壁画源流

研究中国壁画史，就不得不关注汉代这一时期。两汉是中国墓室壁画创作的第一个高峰期。壁画是指绘在各种建筑物壁面的绘画作品，主要可分为建筑壁画和墓葬壁画两大类。其中建筑壁画主要绘在宫殿、宗庙、寺观等地面建筑的墙壁上，而墓葬壁画多是在墓室内壁和墓道、墓门等部位彩绘图像，其出现晚于建筑壁画。从墓室壁画的形成和发展看，明显可见其题材内容乃至结构布局与地面建筑壁画的相似之处，应是受到建筑壁画创作的影响。

（一）早期建筑壁画

考古发现表明，早在新石器时代，先民们就已经开始在居室墙壁上装饰图案。如在辽宁牛河梁红山文化女神庙，出土了绘有赭、红、黄、白等色三角纹和勾连纹的墙壁残块[2]。在陕西临潼姜寨遗址，墙壁表面上有用手指或其他尖细的工具按压或剔刺出的三角形、平行线、长方形等几何图案[3]。山西襄汾陶寺遗址中，建筑物残存的白灰墙皮上刻画有由圆圈、直线和折线组成的几何图案，图案呈上下多栏二方连续排列[4]。设想如果原来建筑壁面保存完好，那么这座建筑物室内的白壁上应该满饰这种连续的几何精美图案。陕西榆林龙山时期石峁遗址内多处重要和高等级的建筑物和城墙墙面上，也发现彩绘有红、黄、黑、橙等色的几何图案。除了这些几何装饰图案，在甘肃

秦安大地湾一座编号为411号的仰韶晚期房址地面上，用黑彩绘出了舞蹈的人物和蛙类动物形象，专家推测这组画像很可能与原始巫术有关，这座房址为举行巫术的建筑[5]。

进入青铜时代的夏商时期，建筑技术有了明显的提高。在夏商时期的都城遗址中，发现有大型的土木宫殿建筑遗迹，宫庙建在高大的夯土台上，土墙内掺有木棍或秸秆以加固墙体，墙面多打磨平整，上面涂有白灰。在河南安阳殷墟小屯北地的房址建筑中，发现在脱落的白灰墙皮上绘有红色花纹和黑色圆点[6]，《说苑·反质》中有关商代“宫墙文画”的记载在考古中得到了印证。但限于文献与考古资料的缺失，我们对这一时期的墙饰彩绘仍不很清楚，只能归纳为该时期墙壁彩画还仅限于简单的装饰几何纹样或图案，缺乏图像内容、情节、构图、思想观念等构成绘画作品的基

本要素，因而不能称之为真正意义上的壁画。

在周代特别是东周时期，贵族阶层更注重建筑的舒适度，也更重视建筑的装饰。周代对建筑色彩有不同等级的规定，如《国语·鲁语》："庄公丹桓宫之楹，而刻其桷。"《穀梁传·庄公二十三年》："楹，天子、诸侯黝垩，大夫仓，士黈。丹楹，非礼也。"说的就是鲁庄公将其父桓公庙柱漆为红色，不合礼制。在各诸侯国都城的宫室庙堂建筑上应该装饰有壁画，但这些豪华的建筑群几乎残毁无存。目前仅在秦都咸阳战国中期的宫殿建筑遗址中出土了部分色彩鲜艳的彩色壁画残块，绘有几何纹、马车、神兽、树木和建筑等，如在3号宫殿基址北部走廊的墙体上绘有出行的车马、迎宾仪仗人物、树木等[7]（图一八）。这处廊道仅是这片宫殿的附属建筑，可以设想，

图一八　陕西秦咸阳宫建筑遗址的车马出行壁画

在秦宫室主体建筑上应该会有更多内容丰富多彩的壁画。同时期及时代稍后的文献中也提到东周时期宫室的壁画创作，如《孔子家语·观周》记孔子在雒邑周之明堂见到的壁画：

孔子观乎明堂，睹乎四门之墉，有尧舜、桀纣之象，而各有善恶之状、兴废之诫焉。又有周公相成

王，抱之而负斧扆，南面朝诸侯之图焉。[8]

东汉王逸《楚辞章句》中也提到楚国先王和公卿的庙堂内绘有天地山川众神灵及古代圣贤的图画：

屈原放逐，忧心愁悴。彷徨山泽，经历陵陆。嗟号昊旻，仰天叹息。见楚有先王之庙及公卿祠堂，图画天地、山川、神灵，琦玮僪佹，及古贤圣、怪物行事。周流罢倦，休息其下，仰见图画，因书其壁。呵而问之，以渫愤懑，舒泻愁思。[9]

从《孔子家语·观周》和《楚辞章句》两则记载中可以看出，周之明堂和楚之宗庙的壁画具备完整的思想内涵。

汉代不少文献中记述了在帝王宫室庙堂内绘有壁画，如：西汉武帝在甘泉宫绘金日磾母亲休屠王阏氏画像以赞其教子有法度，宣帝在未央宫麒麟阁绘十一位功臣图像；

东汉明帝在南宫云台绘二十八将画像，灵帝在鸿都门学绘孔子及其七十二弟子画像。另外在诸侯王宫室中也绘有壁画，如王延寿的《鲁灵光殿赋》中描述西汉景帝子鲁恭王修建的灵光殿壁画中绘有天地山川神灵、神话故事、三皇五帝、忠臣孝子、烈士贞女等内容丰富的图像故事：

> 图画天地，品类群生。杂物奇怪，山神海灵。写载其状，托之丹青。千变万化，事各缪形。随色象类，曲得其情。上纪开辟，遂古之初。五龙比翼，人皇九头。伏羲鳞身，女娲蛇躯。鸿荒朴略，厥状睢盱。焕炳可观，黄帝唐虞。轩冕以庸，衣裳有殊。下及三后，淫妃乱主。忠臣孝子，烈士贞女。贤愚成败，靡不载叙。恶以诫世，善以示后。[10]

由此可知，两汉时期宫室建筑壁画已从早期的装饰纹

样进一步向人物、神灵、故事等多种题材创作发展。壁画已不仅仅用于装饰美化建筑空间，而且通过绘图画像起到明辨善恶、劝诫教诲民众的教育功能。

上述文献所记先秦两汉宗庙宫殿壁画虽无遗迹遗存相印证，但毕竟为我们追寻早期壁画的形成及初始面貌、探索早期墓室壁画的图像渊源，提供了思路和线索。

（二）墓室壁画的出现

墓葬壁画的出现与创作显然受地面建筑壁画的影响，借鉴了先秦和西汉早期宫殿与庙堂壁画的绘制技法、题材等。时代较早的墓室壁画仅仅是一些装饰纹样，如陕西扶风杨家堡西周墓壁面上装饰有白色的菱形和宽带纹图案[11]。河南洛阳西郊小屯村一座战国墓中，墓圹四壁有

红、黑、黄彩绘条带装饰，墓道内也残存有红、黄、黑、白彩绘。这座墓内出土有一枚墨书“天子”的石圭，显示了墓主的特殊身份[12]。

在墓壁中图绘装饰的风气在先秦时期已露端倪。不过秦代以前墓圹四壁图绘装饰图案仍属个别现象，墓室壁画的起步创作始自西汉。

西汉时期墓葬建筑结构发生了很大的转变，在修建墓室时，结构布局有意模仿地面居室建筑，打破了先秦时期层层密闭、彼此分割的墓圹布局。墓室间彼此连通，越来越突出墓室空间感，而内部空间的拓展为壁画创作提供了条件。特别是在一些规模宏大的诸侯王及列侯墓葬中，模仿地面居室建筑的痕迹更为明显，除主室外，往往开挖出多个侧室与耳室，象征着墓主生前居住使用的建筑

空间。地面建筑中的壁画也很自然地被模仿到地下墓葬空间中去。

另一方面，汉代将先秦以来的魂魄观念、神仙信仰、阴阳学说等思想加以整合与创造，形成了一套集功能、习俗乃至思想观念于一体的丧葬礼俗。受此影响而创作的墓葬壁画除具有对墓室进行“事死如事生”的装饰功能外，还具备了趋吉避凶、祈求长生升仙等特殊的丧葬礼仪功能。这些因素共同催化了墓室壁画的诞生。

目前考古发现西汉早期出土有壁画的墓葬仅见于永城柿园汉墓和广州象岗南越王墓，这两座墓规格等级均为诸侯王级别，墓葬形制同属于仿地面建筑居室的形式。广州象岗南越王墓墓主推断为南越国文帝赵眛，死于公元前122年左右[13]。此墓是一座大型石室墓，整个墓室用

红砂岩石板砌筑，只是前室两侧耳室为掏洞而成。墓分前后两部分，共七室：前部为前室、东耳室、西耳室，后部为主室、东侧室、西侧室、后藏室。在南越王墓墓门、门楣、前室石壁上绘有红、黑两色的卷云纹装饰图案（**图一九**），画面本身缺乏构成图像的基本要素，从严格意义

图一九　广州南越王墓前室东北角云气图

上来讲不能称为壁画。南越国虽远在岭南，但赵氏王族本自中原，汉初附庸于西汉中央，与中原地区一直交流频繁，深受中原文化影响，因此墓葬整体也具有明显的中原文化风格。这种用云纹装饰墓室的做法也可以从上述周代墓葬壁面彩绘装饰上找到承继关系。与之相比，河南永城柿园汉墓壁画则已是非常成熟的壁画作品，壁画尺幅巨大，画面上有龙、虎、朱雀、怪兽、豹、神山、灵芝、花卉等图像和穿壁纹等装饰图案，并同样出现了飘浮的云气装饰图样。

非常有意思的是，虽然西汉早期墓室壁画见于两座诸侯王等级的陵墓中，但在同时期的中小型汉墓中却没有壁画出现。汉代墓葬壁画真正集中出现是在西汉昭帝、宣帝时期以后，最初在洛阳、长安两京地区率先出现，随后

逐渐传播至其他地区，如西汉晚期洛阳卜千秋壁画墓（图二〇）、洛阳烧沟61号墓、西安理工大学壁画墓、西安交通大学附小壁画墓等。新莽至东汉各地出土墓室壁画较多，壁画题材也更加丰富，包括有日月天象、神禽瑞兽、衙署官邸、属吏仪卫、出行车马、宴饮歌舞、庄园坞壁、农牧生产，以及圣贤、孝子、烈女、义士等历史故事。墓葬艺术深受当时社会思想影响，是一个现实与冥界、人间与仙境杂糅并存的世界。从绘有壁画的中小型汉墓墓主身份来看，他们有一定社会身份及经济基础，但很少有高于二千石级别的贵族。而目前已发掘的几十座两汉诸侯王及列侯等高级贵族墓葬中，除西汉早期河南永城柿园汉墓和广州象岗南越王墓外，仅在东汉晚期安徽亳县（今亳州市）董园村曹氏宗族1号墓里发现有彩绘壁画痕迹。该墓

图二〇　河南洛阳西汉卜千秋墓中伏羲与日壁画

为砖室墓，墓室券顶残留有彩绘的天象图。同墓出土有玉衣两套，墓主身份可能为列侯级别[14]。其他汉代诸侯王及列侯同级别的墓葬中尚没有发现墓室壁画。因此两汉时期以壁画装饰墓室应该与墓主身份等级无任何关系，比较来说，这一时期在中小型汉墓中更加偏爱使用壁画装饰。相较于墓葬中的随葬品，一幅幅色彩斑斓的壁画更易于直观

地叙述墓葬中需要表现的天界和仙境，历史故事，墓主生平经历、宗教信仰等思想精神方面的内容，从而拓展了墓葬时间与空间上的象征意义，使壁画成为墓葬的一个组成部分。

（三）柿园汉墓壁画创作：偶然？必然？

河南永城柿园汉墓壁画为迄今已知的年代最早、级别最高的汉代墓葬壁画，在此之前我们从未见过内容和构图如此复杂的墓室壁画，在同时期的汉墓中也未见过，因此柿园汉墓壁画对研究我国墓室壁画的起源有着重要的学术意义。

一些学者将柿园汉墓壁画的出现看成是一个偶然出现的孤例，我们认为，柿园汉墓壁画的出现虽有一定的偶然性，但也有其必然性。正如前面提到先秦两汉时期地面宫

殿建筑图绘壁画已经很普遍，柿园汉墓的墓室是仿照墓主生前的宫殿居室建造的，开阔的墓室空间为壁画创作提供了必要条件，但并非充分条件。事实上在西汉前期不少诸侯王墓也模仿墓主生前宫殿居室来建造，然而几乎没有看到使用壁画装饰者。但从另一方面讲，由于我们目前掌握的资料有限，特别是墓室壁画的发现与存留也有很大的偶然性，加之墓葬早期被盗和墓室环境恶劣等原因，很多类似壁画的物质资料很难保存下来，这也给我们的研究带来很多的不确定因素。所以对于柿园汉墓是不是唯一一座使用壁画的西汉诸侯王墓，目前不宜过早下结论。我们反观壁画的起源过程，它更像是一个动态的、循序渐进的艺术形式，而不是偶然或猝然成熟的作品。

考古资料也表明，在一些西汉早期的诸侯王及王后墓中

有用朱砂涂抹墓室内壁的现象，如：江苏徐州北洞山西汉楚王陵墓，主室自墓顶至四壁均发现用朱砂涂抹墙壁；邻近柿园汉墓的保安山二号汉墓为梁孝王之妻李王后墓，在许多墓室墙壁上也都发现使用朱砂大面积地涂抹。用朱砂涂抹墓室可以起到防腐防潮的作用，但在多处使用朱砂涂抹墓室内壁，可能与模仿西汉诸侯王宫室建筑装饰有关，在汉代文献中就有多处描述当时宫室建筑的色彩，如“丹楹”“朱阙”“丹墀”等。梁孝王墓内原来是否图绘壁画的问题，长期以来颇受人们关注，但即便有壁画，也因长年任人出入而早已脱落殆尽，无从考证。然而从墓室涂朱这一现象可以看出，这一时期已经重视墓室的内部装饰。

古人重生死，两汉皇帝在位时，就开始“预作寿藏”，修建自己的陵墓。西汉诸侯王也仿照帝制，生前就

修建自己的陵墓。根据诸侯王在位时间的长短，陵墓修建的规模也不同。在修建陵墓时，除陵墓营建者外，诸侯王本人及其亲属也参与陵墓的选址和规划设计，在整个陵墓建造过程中很容易掺杂太多的个人喜好，因此我们看到每座诸侯王墓葬的建构均有不同，随葬品组合及数量也不相同，表现出更多的个性化特点。柿园汉墓虽然在墓葬规模上比不上西汉梁国第一代诸侯王梁孝王及王后墓，但它在设计上尤其重视室内的装饰。除主室内室顶和立壁上使用精美的壁画装饰外，几间侧室的顶部及四壁上均发现有残存的直线纹和朱砂痕迹，可能这里也曾绘有壁画或几何装饰图案。甚至在一间象征厕所的墓室内，在如厕时使用的一对长仅20多厘米的脚踏石上也用阴线刻满了朱雀、常青树、亭和菱形纹的画像（**图二一**）。

0　5厘米

图二一　柿园汉墓脚踏石石刻画像

五、壁画释读：图绘天界

墓室壁画的出现虽然源自地面建筑壁画，但作为墓葬的一部分，墓室壁画主要是为死者服务的，在图像创作过程中，蕴含了墓葬修建者所要表达的丧葬观念。我们不妨把一帧帧图像看作语言、故事，透过物象来触摸古人的精神世界。

在我们眼前铺展开的四神云气图是一幅光怪陆离、虚幻奇异的神奇画卷，这里有龙、虎、朱雀、怪兽等神禽异兽，也有神山、灵芝、异花、云气等，事实上四神云气图仅是柿园汉墓主室壁画的一部分，它与主室南壁、西壁上的壁画在同一个建筑空间内构成了一幅汉代人们想象中的

死后世界图像。

（一）墓室建构的宇宙观：体象天地

古代中国非常注重人与自然的关系。先秦时期盛行的阴阳五行学说将宇宙中天、地、人三个重要组成部分联结成一个和谐、互动而又统一的整体。西汉武帝时大儒董仲舒提出了天人感应的思想体系，认为天与人同类相感，更是对这种宇宙观思想的发展。董仲舒将宇宙的结构分解为天、地、阴、阳、木、火、土、金、水、人，把宇宙内的事物都放在一种互动的、紧密联系的结构里，“有阴阳之说以统辖天地、昼夜、男女等自然现象，以及尊卑、动静、刚柔等抽象观念；有五行之说，以木、火、土、金、水五种物质与其作用统辖时令、方向、神灵、音律、服

色、食物、臭味、道德等等，以至于帝王的系统和国家的制度”[15]。此外在这宇宙整体的框架中，人们还相信存在着神鬼世界。这些神鬼与人类共存，常常影响人类的日常生活，人们往往借助卜筮、祭祀等活动来预测和推演，以趋吉避凶[16]。西汉晚期至东汉谶纬学说流行，进一步将天文、地理、社会秩序、神鬼、道德和政治等糅合在一起，通过谶纬预决吉凶，告人政事，并通过阴阳五行、天文历算、数术方技等解释宇宙间自然、社会与人之间的感应与互动关系[17]。

受秦汉时期天、地、人之间的互动、和谐而又统一的宇宙观的影响，秦汉时期在宗庙、宫殿建筑及都城建设上均体现出这种天地人合一及贯穿其中的阴阳五行等思想认识。如秦都咸阳城在建设中以“象天”为指导思想，以

贯穿都城的渭水象征天上的银河，各宫殿比拟星座，通过复道、甬道及桥梁将各宫殿区参照天体星象联结成一体，形成以咸阳宫为中心的宫城群。东汉文学家班固在《西都赋》中这样描述：

其宫室也，体象乎天地，经纬乎阴阳，据坤灵之正位，仿太紫之圆方。

西汉初至武帝时期都城长安在建设上也取法天象，其南墙和北墙蜿蜒曲折，形如天上的南斗和北斗，有“斗城”之称。

墓为死后生活的居宅，这种“体象天地”的建筑理念也被运用到墓葬建造上。文献记载最早、最典型的是秦始皇陵。《史记·秦始皇本纪》中描述秦始皇陵内“宫观百官奇器珍怪徙臧满之。……以水银为百川江河大海，机相

灌输，上具天文，下具地理”。司马迁记载的秦始皇陵的建构是一个包容有天（“天文”）、地（“地理”“百川江河大海”）、人（“宫观百官奇器珍怪”）的完整的宇宙空间。

西汉早期，这种宇宙观的墓葬构建思想继续得到发展，在椁室或墓室中均特意营造有天与地的空间。如西汉早期马王堆一号汉墓椁室盛放死者的三重外棺有不同的象征意义：最外一重黑漆棺，把死者与生者隔离开来；第二重绘有神怪动物和云气等图案的黑漆棺，代表墓主进入受神灵保护的地府；第三重绘有神物及神山的红漆棺，代表不死仙境[18]（**图二二**）。同墓出土的“T”形帛画上也描绘了天界、人间和地下完整的宇宙空间，在天界部分绘有守候在天门两侧的守门人，有代表天的日、月、主神及龙、

图二二　湖南长沙马王堆一号汉墓第三重棺上漆画及线图

豹等；地下部分则为双鱼、巨人、蛇、土羊等。墓主灵魂则融入这个微缩宇宙中（**图二三**）。稍晚于柿园汉墓的西汉中期山东临沂金雀山九号汉墓出土的帛画上同为描述天与地完整的微缩宇宙，天界除绘有日月外，还增添了神山

组成的仙境；地下部分描绘为二龙相背；帛画大部分画幅描绘的是生活场景，有乐舞、纺织、格斗、拜谒等（**图二四**）。

室墓的流行与推广使墓葬空间更容易模仿地上建筑，实现体象天地的建筑理念。另外基于神鬼信仰和神仙思想，将之具体形象化，以神兽、仙人、神人、羽人、瑞器等形象图绘墓中。这样墓室空间成为包括天界与仙界、地下家园的多元界域[19]。在西汉中晚期以后出现的壁画墓也可以清晰看出墓葬所反映的宇宙观的建构。常见为表示天界和仙境的画面多安排在墓室顶部、隔梁或墓壁上部，如四神、星宿、日月和云气等。反映世俗生活的图像多安排在墓室四壁下部，多是重现人间的生活场景，如车马出行、宴乐百戏、农耕、射猎、纺织、冶铁等。

图二三　湖南长沙马王堆一号汉墓帛画　　　　图二四　山东临沂金雀山九号汉墓帛画

（二）四神物象化的天界

四神云气图被绘制在柿园汉墓主室顶部，用来象征天界。图中所绘青龙、白虎、朱雀图像很容易使我们联想到表示天空方位的四神、四象或四灵。

早在远古时期，先民就已仰观天象，辩识星座，探索天体运行规律，划分星空体系。象是中国传统星官体系中最基本的概念，也是先民们最早掌握的识星手段。《尚书·尧典》中即有尧命羲和“历象日月星辰，敬授民时”的记载。古人把沿古天球黄道、赤道附近的两个带状区内分布的主要星象定名为二十八宿，反映的正好是华北和华中一带的星野。古人又以北极星和北斗为中心，把二十八星宿分成四个不等的大区域，即四大星区，《史记·天官书》将此四大星区称为“四官”或“四宫”。四神即与天

象相结合，成为二十八宿的物象化形态，来表示天空的四大星区，分属东、南、西、北四方中的一方，每一方由七宿组成。针对组成每一片星区的七宿，古人用丰富的想象力画出无形的虚线，并与时人所认为的四神相结合，形成了东方苍龙七宿（角、亢、氐、房、心、尾、箕），主春；南方朱雀七宿（井、鬼、柳、星、张、翼、轸），主夏；西方白虎七宿（奎、娄、胃、昴、毕、觜、参），主秋（**图二五**）；北方玄武七宿（斗、牛、女、虚、危、室、壁），主冬。二十八宿是黄河流域的先民们观测行星、记录特殊天象的坐标，也是绘制星图、制定历法的基础，其完备约在春秋时期。四宫的组合大约形成于战国，至汉代，四宫说已广泛应用，四神与春、夏、秋、冬四季，青、白、赤、黑四色相配，成为时人普遍接受的思想

图二五　河南南阳出土白虎星宿汉画像石

体系，见载于《淮南子》《史记》等文献典籍。如《淮南子·天文训》中，将东、南、中、西、北五方五星所对应的神兽定为苍龙、朱鸟、黄龙、白虎、玄武：

东方，木也，其帝太皞，其佐句芒，执规而治春，其神为岁星，其兽苍龙，其音角，其日甲乙。

南方，火也，其帝炎帝，其佐朱明，执衡而治夏，

其神为荧惑，其兽朱鸟，其音徵，其日丙丁。

中央，土也，其帝黄帝，其佐后土，执绳而制四方，其神为镇星，其兽黄龙，其音宫，其日戊己。

西方，金也，其帝少昊，其佐蓐收，执矩而治秋，其神为太白，其兽白虎，其音商，其日庚辛。

北方，水也，其帝颛顼，其佐玄冥，执权而治冬，其神为辰星，其兽玄武，其音羽，其日壬癸。

而将天文图像最早配置在墓葬中却可追溯到距今6000多年的仰韶文化时期。1987年发掘的河南濮阳西水坡45号墓，男性墓主右侧为蚌壳堆塑的龙形图案，头北面东；左侧为蚌壳堆塑的虎形图案，头北面西[20]（**图二六**）。尽管学者们对这一布局作出了不同解释，但龙、虎方位恰与天文学四象中的东方苍龙、西方白虎相符。有学者进而将墓

主脚下由蚌壳堆塑的三角形图案和两根胫骨的组合推演为北斗的斗魁与斗杓之形，认为整个墓葬实际被转化为宇宙空间[21]。此外湖北随州战国曾侯乙墓出土的漆箱盖上所绘的天文图，是更为直观而有力的说明。图中央为篆书的“斗”字，表示作为星空枢纽的北斗。北斗四周书写着二十八宿的名称，与文献所载的二十八宿之名基本相同。二十八宿名的东侧绘有龙，西侧绘有虎，正合传统天文学中的东方苍龙、西方白虎之说，是目前所见年代最早的将青龙、白虎与二十八宿配合的实物资料[22]。两汉时期的壁画墓，在墓室顶部绘天象图是比较流行的设计。西安交通大学西汉晚期壁画墓中，墓室顶部就绘有天象图。正中有日、月及云气，环绕着二十八星宿，在星宿间绘有青龙、白虎、朱雀、玄武以示四大星区[23]（**图二七**）。

图二六　河南濮阳西水坡 45 号墓

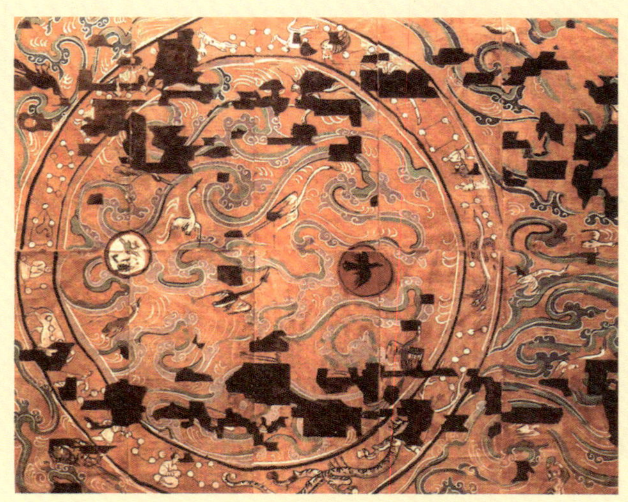

图二七　西安交通大学西汉晚期壁画墓中的天象图摹本

早在新石器时代，龙、虎、雀、龟（蛇）等四神的个体拟形物就均已出现，其中虎、雀、龟（蛇）为自然界真实存在的生物，具有写实性的特征，龙则是传说中的神异动物。四神、四象的出现与形成是一个相当漫长的过程，在其发展过程中，四象的个体形象就存在着不同的说法与表现形式。根据文献和出土文物，完整而规范的四神名称与形象最早出现在西汉前期，但明显存在着不稳定性。特别是玄武，其形象在西汉初年的官方文化中才被定义为蛇缠龟的造型，是一种合体的形象，即“龟与蛇交为玄武”。孔颖达注疏《礼记·曲礼上》称：“玄武，龟也。”即龟为水族，水性属北，色配黑，玄者黑也；龟有甲能捍御，故曰武，是为玄武。玄武形象的确定要晚于其他三象，此前常被其他动物形象替代。如河南三门峡上

村岭虢国墓地西周时期铜镜上的四神分别为龙、雀、虎、鹿，战国曾侯乙墓所出漆箱上北宫立面绘有星宿和两只相对的鹿，说明在四象形成过程中曾有以鹿为北宫的时期。此外亦有以麒麟代替北方位的，如西汉晚期洛阳卜千秋墓的墓室顶脊上所绘四象为青龙、白虎、朱雀、麒麟。麒麟有二，俱生双翼，一头生一角，一无角，以示牡牝。新疆维吾尔自治区民丰县尼雅遗址95MNI号墓地8号墓出土有东汉时期的彩锦护膊，上面绘制有青龙、白虎、朱雀、麒麟四象。即使官方文化确定玄武形象后，其形制亦无法严格地固定下来，或为龟，或为龟衔蛇，或为龟蛇交体，不一而足。如西安茂陵所出四神玉铺首上玄武造型即为龟口衔一蛇，而西汉晚期西安交通大学壁画墓中玄武为一蛇，显示出玄武未定型时期的不稳定性。甚至在东汉时期，不

少地方仍以单龟个体为北方神，如孔颖达在《尚书·尧典正义》中记："是天星有龙、虎、鸟、龟之形也，四方皆有七宿，各成一形，东方成龙形，西方成虎形，皆南首而北尾；南方成鸟形，北方成龟形，皆西首而东尾。"张衡在《灵宪》中亦记："苍龙连蜷于左，白虎猛据于右，朱雀奋翼于前，灵龟圈首于后，黄神轩辕于中。"西汉中后期至东汉早期南阳地区汉墓中所出的陶仓、陶鼎等器上所塑之四神形象，亦多为单体龟的造型。凡此种种，表明虽然早在西汉武帝时期已采用龟蛇交体为玄武的官方文化形象，但直至东汉，仍未得到全社会尤其是民间的完全认可，并从一个侧面反映出四神演变的复杂性。四神拟指个体的不稳定性并不仅仅囿于玄武，亦有以熊代虎的现象，如《周礼·考工记》中四神有以龙、鸟、熊、龟蛇为组合

的形式。

柿园汉墓主室室顶壁画中虽见龙、虎、朱雀三象，却未见代表北方位的龟蛇合体的玄武形象，反而在图中出现了龙舌卷绕的鸭嘴鱼身形怪兽（**图二八**）。对此兽的定名目前有玄武、白虬龙、鱼妇等多种猜测。认定为玄武者乃根据四神、四象而定名。如前面所谈，汉代玄武形象或龟或蛇或龟蛇合体，但图中怪兽则与玄武形象相差较大，故柿园汉墓应是采用早期以其他神兽代替北方玄武的做法以合四神、四象。考订为鱼妇说者则根据《山海经・大荒西经》所载："有鱼偏枯，名曰鱼妇。颛顼死即复苏。风道北来，天乃大水泉，蛇乃化为鱼，是为鱼妇。颛顼死即复苏。"传说颛顼是黄帝的孙子，昌意之子，为五帝之一。根据《史记・五帝本纪》记载，昌意娶蜀山氏女为

图二八　四神云气图壁画·怪兽

妻，生高阳，高阳有圣德。黄帝死后，高阳继任，称为帝颛顼。在《山海经》鱼妇的故事中，死去的颛顼趁着蛇变成鱼而未定型的时候，托体到鱼的躯体中，借此而复生。四神云气图中怪兽身躯似蛇似鱼，身体覆满鳞片，与文献记载较相似。在先秦两汉建构的阴阳五行体系中，帝颛顼居住的玄宫为北方之宫，北方色黑，五行属水，因此颛顼是以水德为帝，又称玄帝。《淮南子·时则训》载："北方之极……颛顼、玄冥之所司者，万二千里。"在《淮南子·天文训》中也称："北方，水也，其帝颛顼，其佐玄冥，执权而治冬。"若释怪兽为鱼妇，或可以帝颛顼化鱼妇之传说，来暗合四象中的北方位，替代玄武之形象；同时借助鱼妇故事中人死而复苏来象征生命转化、灵魂复苏之意[24]。

在柿园汉墓四神云气图中，以图绘龙、虎、朱雀、怪兽（鱼妇）来完成墓室顶部天象的塑造，但在这里四神并非仅仅是对天体星空方位的再现。从壁画布局上看，巨龙遨游天空，占据壁画一半以上的面积，而虎、朱雀相对显得渺小，鱼妇更是被龙舌卷攫，居于一隅，并没有按照四象方位排列。

古代龙、虎、朱雀等神兽形象，亦有驱邪、避灾、祈福之意，可保护生者免受灾疫伤害，死者免受鬼魅侵扰，为人们心目中的吉祥瑞兽。汉代器物上的四神纹样也非常流行，汉镜铭文中亦常见四神祈福吉语："尚方御竟（镜）大毋伤，巧工刻之成文章。左龙右虎辟不羊（祥），朱鸟玄武顺阴阳。子孙备具居中央，湅（炼）治银锡清而明。长保二亲乐富昌，寿敝金石如侯王。"

龙　龙的形象很早就已出现，在距今近8000年的辽宁查海兴隆洼文化遗址发现了由红褐色石块堆砌而成的长约19.7米的龙形雕塑[25]，陕西宝鸡北首岭遗址出土有距今7000年的彩陶细颈龙纹瓶，河南偃师二里头遗址也出土有长约65厘米的绿松石龙形器。商周的青铜器与玉器等器物上到处可见龙纹。《说文解字·龙部》描述龙的特质为："龙，鳞虫之长。能幽能明，能细能巨，能短能长。春分而登天，秋分而潜渊。"在中国远古传说中，女娲、伏羲、共工、盘古、轩辕、雷神等都是"人首蛇身"或"人首龙身"。从春秋战国开始，龙与帝王便联系密切，秦始皇就有"祖龙"之谓，汉高祖刘邦的出生传说更是与龙相关。《史记·高祖本纪》载："其先刘媪尝息大泽之陂，梦与神遇。是时雷电晦冥，太公往视，则见蛟龙于其

上。已而有身，遂产高祖。”《史记》中还记载了刘邦的一系列神话，从奇象、望气、观相到斩蛇，将龙与帝王比附，到后世龙逐渐成为皇权的象征，代表着“帝德”“天威”。作为一种祥瑞，龙现则象征明君在世。龙也可以辟邪驱凶。王充《论衡·解除》云：“宅中主神有十二焉，青龙、白虎列十二位。龙、虎猛神，天之正鬼也。飞尸流凶，安敢妄集？犹主人猛勇，奸客不敢窥也。”龙又能通天见神，载人升仙。《汉书·郊祀志》中记载黄帝铸鼎后遂乘龙升天。而传说中的神人多乘龙来往于天地之间，如《庄子·逍遥游》中描述：“不食五谷，吸风饮露，乘云气，御飞龙，而游乎四海之外。”（**图二九**）

虎　虎是自然界中真实存在的凶猛野兽。人们最初对虎所具有的强大力量萌生了敬畏之心，希望借助猛虎的

力量保护人类，或希望自身也能拥有猛虎般的威力，于是逐渐产生了原始的虎图腾崇拜。近万年前的欧洲史前岩画中就出现了虎的形象，推测可能与举行祭祀仪式有关。虎为猛兽，可驱邪食鬼，汉代多画虎于门户上，以保护宅院中的人们免于被鬼魅等伤害。而汉代画像石墓门上也多有龙、虎的形象，在一些贵族官吏的墓园或祠庙的神道两侧还放置石虎，以守护亡灵（**图三〇**）。

朱雀　也称朱鸟、丹雀，其原型是鸟（**图三一**）。鸟纹是史前文化中常见的题材，如湖南洪江高庙距今约7800年的新石器时代遗址出土的陶罐，在颈部和肩部位置戳印有神鸟、兽面、八角星象图[26]。浙江河姆渡文化遗址出土器物上也见有鸟图案，其中1977年出土的牙雕器上双鸟与太阳图案被称为“双凤朝阳纹”，双鸟钩喙，圆眼，抬首

相望，其造型与凤鸟非常相似；另有一件双鸟纹骨匕，用兽骨刻成，柄部有两组连体鸟纹图案，每组以一圆居中，分别刻出两个反向的鸟首，钩喙大眼，头颈外伸[27]。此外仰韶文化的彩陶器上也有许多鸟纹，庙底沟文化出土的彩陶更是以鸟纹著称，良渚文化的礼器玉琮上的鸟纹也很有特色。到殷商和西周时期，青铜器和玉器上也多见鸟纹，有凤、鸽、鹰、鸱鸮、雁、鹤、鹅等多种。朱雀名称最早出现在先秦时期的文献典籍中，宋玉《九辩》有“左朱雀之茇茇兮，右苍龙之躣躣”的句子。王逸注曰：“朱雀奉送，飞翩翻也。”《尚书·尧典》称朱雀为“日中星鸟”。汉代壁画及画像砖石中朱雀虽有刻画为一般的雀鸟形象者，但更多见的是由凤头、高冠、鹰嘴、鸾颈、鹤腿、孔雀尾组合而成的神鸟形象。朱雀或尾羽展开，振

图二九　河南南阳出土乘龙汉画像石

图三〇　河南南阳出土虎、羽人汉画像石

图三一　河南南阳出土朱雀汉画像砖

翅欲飞；或举足行走，神态傲然；或回首顾盼，摇曳多姿（**图三二**）。很多画面中朱雀与凤凰的形象多混淆，二者互代，以至于到宋代时朱雀、凤凰已很难区分。如沈括在《梦溪笔谈》卷七中就说：“四方取象，苍龙、白虎、朱雀、龟蛇。唯朱雀莫知何物，但谓鸟朱者，羽族赤而翔上，集必附木，此火之象也。或谓之长离……或云，鸟即凤也。”雀在汉代被视为一种祥瑞之鸟。朱雀的出现象征着明主现世、国泰民安。古音“雀”与“爵”同音，所以古人常将“雀”写作“爵”，称为“朱爵”，把它看作预示仕途高升的吉祥征兆。在《陈留耆旧传》中记载，圉地（今河南开封杞县）人魏尚在汉高帝时担任太史职务，一次被羁押入狱，他看到树上有众多雀鸟振翅而鸣，于是占卜说：“雀者爵命之祥，其鸣即复也，我其复官也。”果

图三二　河南南阳出土朱雀、铺首汉画像石

图三三　山东微山汉画像石中的雀、猴、凤、羽人

然不久他就被释放，官复原职。《异苑》中也记载了任城人魏肇之出生时有雀飞入其手，占卜者认为这是封爵之祥兆。汉画中有许多建筑图上同时刻有猴、雀等动物，猴有封侯的吉祥寓意，雀有晋爵的吉祥寓意，合起来寓意封侯拜爵（**图三三**）。朱雀亦为仙界的使者，有引导、护送人们升仙的吉祥寓意。如《楚辞·惜誓》曰：“飞朱鸟使先驱兮，驾太一之象舆。”王逸注：“朱雀神鸟，为我先导。”汉画像石描绘的西王母仙境中常可见到朱雀的形象。

（三）神山——汉人心中的仙境

在四神云气图画面中还出现了神山图像。画中的神山为一座高耸入云的挺拔山峰，以淡墨涂绘，山顶生出一株灵芝，有虎攀爬山上，欲咬食灵芝。在同墓主室南壁壁画上也绘有连绵起伏的神山，周围云气缭绕，山上有猛豹、朱雀、神树仙果及灵芝草等（**图三四**）。

中国古代很早就存在对山岳的原始崇拜，在古人心中山可以生养万物，具有强大的生命力和神秘的力量，人们进而将山岳与神灵联系起来，崇拜并祭祀山岳。随着人们对长寿、永生的渴望，先秦时期神仙信仰开始流行。《释名·释长幼》对“仙”的解释是：“老而不死曰仙；仙，迁也，迁入山也。”将神仙直接与山联系起来。战国中后期以后，人们想象中的神仙居所也主要确定在西方昆仑和

图三四　四神云气图壁画·神山、灵芝、白虎

东方海外蓬莱三山两处。《山海经·海内西经》这样描述西方昆仑：

> 海内昆仑之虚，在西北，帝之下都。昆仑之虚，方八百里，高万仞。上有木禾，长五寻，大五围。面有九井，以玉为槛。面有九门，门有开明兽守之，百神之所在。在八隅之岩，赤水之际，非仁羿莫能上冈之岩。……昆仑南渊深三百仞。

西汉晚期以后，西方昆仑仙境与西王母联系起来。在汉画中，西王母坐于昆仑之上，周围有羽人、瑞兽、嘉禾等，表现的是西王母的昆仑仙境（**图三五**）。《史记·封禅书》对于东方海外蓬莱、方丈、瀛洲三神山的描述为：

> 此三神山者，其传在勃海中，去人不远；患且至，则船风引而去。盖尝有至者，诸仙人及不死之药皆在

焉。其物禽兽尽白，而黄金银为宫阙。未至，望之如云。及到，三神山反居水下。临之，风辄引去，终莫能至云。

在仙人居住的昆仑和蓬莱三山中有神禽异兽、嘉木异果和华丽的宫阙，这是世人向往的地方。尽管文献和传说中昆仑和蓬莱三山都处于缥缈不可及的地方，但人们相

图三五　山东嘉祥县宋山汉墓西王母昆仑仙境画像石

信，只要在生活中模拟仙人居住的仙境，就可以与仙人沟通。汉武帝梦想见到神仙以求得长生成仙之法，遂听从方士们的建议，在车舆上涂绘云气纹以辟恶鬼，并建筑高台宫观，其上画有天、地、泰一诸神，并虔诚地祭祀，希望天神降临。正是这种神仙思想的流行催生了对神山的信仰，导致神山图像频频出现在两汉时期的墓葬艺术中，如漆棺、帛画、壁画、画像砖石、石棺、香炉、钱树、灯等器物上均可看到这类模拟神山的图像及造型。河北满城西汉中山靖王刘胜墓出土的错金博山炉，炉盘上部和炉盖铸出重叠的山峦、丛生的草木，其间有神兽、虎豹等出没，猎人巡猎山间，追逐野兽。若点燃炉内香料，则烟气透过镂空的炉盖缭绕于山峦之间，进而模拟出想象中的神山仙境（图三六）。

图三六　河北满城西汉中山靖王刘胜墓出土错金博山炉

四神云气图中，神山除环绕云气外，上面还有灵芝生长，寓意其为仙人居住之处。古人相信灵芝是一种仙人常服食的仙草，普通人食用灵芝后可以延年益寿甚至成仙。灵芝仙草主要生长在蓬莱、昆仑等神山中，若王者有盛德、政事清明，则此草生于世间，又为祥瑞之物。在东晋时期葛洪著的《抱朴子内篇·仙药》中就记载了灵芝的采摘、特性、功效及神话传说。这种对神山的图绘，还见于时代与柿园汉墓接近的西汉早期马王堆一号汉墓第三重漆棺，以及山东临沂金雀山九号汉墓帛画中的天界部分。

四神云气图壁画中环绕神禽异兽、神山、奇花异草的是飘逸流动的云气纹。云气纹是先秦两汉时期哲学概念“气”的具象化，人们认为宇宙和人体内部皆充满“气”，那时流行的望气之术就是通过观察云气来辨别吉

凶。据《史记·高祖本纪》记载，秦末刘邦隐匿于芒砀山泽间，而他的妻子吕雉总能找到他。问其原因，吕雉说，刘邦所居的地方天上常现云气集聚。古代许多贵人出生时也都声称天上有祥云汇聚。云纹在商周时期的青铜器上已经大量存在，主要有卷云纹、勾连云纹、云雷纹等，但多以带状分布于器物之上，式样呆板固定。到汉代，云气纹成为最流行的纹饰，不仅出现在青铜器、木器和玉器上，而且出现在服装、器皿、棺椁和墓室画像中，以流逸动感的形式穿插于画面之中，使画面具有较强的生命力。《史记·天官书》描述云气“若烟非烟，若云非云，郁郁纷纷，萧索轮囷”，云气纹作为阴阳聚合的瑞应象征着天地顺合，是风调雨顺、天下太平的吉兆。

在边框纹饰中，玉璧纹也是汉画像中最常见的图像之

一。在古人的思维中，玉璧是沟通上天的媒介。早期人们崇拜玉石，将玉石细腻温润的质地、晶莹纯净的色泽与神秘的天空联系起来，在《论衡·谈天》中就有“天乃玉石之类也”的论断。因璧形圆以象天，从而确立起璧和天的最原始关系。《周礼·春官大宗伯》记载以苍璧礼天，璧为人类与天穹对话的瑞信之首。在《周礼》《尚书》等古文献中也多处记录了贵族使用璧祭祀上天。而玉璧的神性也使它早在新石器时代的墓葬中就被作为重要的随葬品，如在红山文化、大汶口文化、良渚文化等的墓葬中都发现有大量的玉璧随葬，一些贵族墓葬中随葬玉璧多达几十件。至汉代随葬玉璧仍然盛行，在大中型贵族墓中大量的玉璧常被放在死者的胸、腹或背部，有的则放置在棺椁之间，也有把璧镶嵌在棺材表面作装饰的。汉画中门阙上装

饰玉璧，则是因璧可通天，视之为表现天界的“天门”，文献中也将其称为“璧门”。玉璧大量出现在丧葬中，反映了古人期望死者灵魂升天以永久安息、保佑子孙繁衍的祈愿。

在四神云气图壁画中，我们看到的是汉代人们想象中的天界：这里有青龙、白虎、朱雀等遨游其间，这些瑞兽祥禽可趋吉避凶，保护死者免受鬼魅的侵扰。这里又有仙人居住的神山仙境，人们可最终获得长生并享受自由幸福的神仙生活。这样，人们通过对墓葬的选择性重构，有意塑造出一个理想的天地空间界域，希望死者魂魄可以最终享受身后的幸福生活。

注释：

[1] 李敏生、黄素英、李虎侯：《陶寺遗址陶器和木器上彩绘颜料鉴定》，《考古》1994 年第 9 期。

[2] 辽宁省文物考古研究所：《辽宁牛河梁红山文化“女神庙”与积石冢群发掘简报》，《文物》1986 年第 8 期。

[3] 半坡博物馆、陕西省考古研究所、临潼县博物馆：《姜寨——新石器时代遗址发掘报告》，第 40 页，文物出版社，1983 年。

[4] 中国社会科学院考古研究所山西工作队、山西省临汾地区文化局：《陶寺遗址 1983—1984 年 Ⅲ 区居住址发掘的主要收获》，《考古》1986 年第 9 期。

[5] 甘肃省文物工作队：《大地湾遗址仰韶晚期地画的发现》，《文物》1986 年第 2 期。

[6] 中国科学院考古研究所安阳发掘队：《1975 年安阳殷墟的新发现》，《考古》1976 年第 4 期。

[7] 咸阳市文管会、咸阳市博物馆、咸阳地区文管会：《秦都咸阳

第三号宫殿建筑遗址发掘简报》，《考古与文物》1980 年第 2 期；陕西省考古研究所：《秦都咸阳考古报告》，科学出版社，2004 年。

[8]〔宋〕李昉等：《太平御览》卷五三三，第 2420 页，中华书局，1960 年。

[9]〔汉〕王逸注，〔宋〕洪兴祖补注：《楚辞补注》，第 85 页，中华书局，1983 年。

[10]〔梁〕萧统编，〔唐〕李善注：《文选》，第 515—516 页，上海古籍出版社，1986 年。

[11] 罗西章：《陕西扶风杨家堡西周墓清理简报》，《考古与文物》1980 年第 2 期。

[12] 考古研究所洛阳发掘队：《洛阳西郊一号战国墓发掘记》，《考古》1959 年第 12 期。

[13] 广州市文物管理委员会、中国社会科学院考古研究所、广东省博物馆：《西汉南越王墓》，第 319—324 页，文物出版社，1991 年。

[14] 安徽省亳县博物馆：《亳县曹操宗族墓葬》，《文物》1978 年第 8 期。

[15] 顾颉刚：《秦汉的方士与儒生》，第 1 页，上海古籍出版社，2005 年。

[16] 蒲慕州：《睡虎地秦简〈日书〉的世界》，《中央研究院历史语言研究所集刊》第 62 本第 4 分，1993 年。

[17] 葛兆光：《中国思想史》第一卷，第 411 页，复旦大学出版社，2001 年。

[18][美] 巫鸿著，郑岩、王睿编，郑岩等译：《礼仪中的美术——巫鸿中国古代美术史文编》，第 111—112 页，生活·读书·新知三联书店，2005 年。

[19][美] 巫鸿著，施杰译：《黄泉下的美术：宏观中国古代墓葬》，第 31—34 页，生活·读书·新知三联书店，2010 年。

[20] 河南省文物考古研究所等：《濮阳西水坡》，第 112 页，中州古籍出版社、文物出版社，2012 年。

[21] 冯时：《中国天文考古学》，第 278—301 页，社会科学文献出版社，2001 年。

[22] 湖北省博物馆：《曾侯乙墓》，第 354 页，文物出版社，1989 年。

[23] 陕西省考古研究所、西安交通大学:《西安交通大学西汉壁画墓》，第 24—47 页，西安交通大学出版社，1991 年。

[24] 贺西林：《古墓丹青——汉代墓室壁画的发现与研究》，第 16—17 页，陕西人民美术出版社，2001 年。

[25] 辽宁省文物考古研究所：《查海——新石器时代聚落遗址发掘报告》，文物出版社，2012 年。

[26] 湖南省文物考古研究所：《湖南洪江市高庙新石器时代遗址》，《考古》2006 年第 7 期。

[27] 浙江省文物考古研究所：《河姆渡——新石器时代遗址考古发掘报告》，第 284、116 页，文物出版社，2003 年。